© 2006 Esslinger Verlag J. F. Schreiber
Anschrift: Postfach 10 03 25, 73703 Esslingen
www.esslinger-verlag.de
Alle Rechte vorbehalten
ISBN 13: 978-3-480-22203-2
ISBN 10: 3-480-22203-X

Das große Buch vom Freundesein

esslinger

Schnell, Socke! Es geht los ...

Eddi-Bär sitzt vor seiner Höhle. Er hat gerade seinen Bärenkakao getrunken und seine Rennfahrerweste hat er auch schon angezogen. Jetzt könnte ihn gut jemand zum Spielen abholen.
Da entdeckt er die Eule und drei vermummte Gestalten, die an seiner Höhle vorbeischleichen und sehr geheimnisvoll tun. Wer das wohl sein mag?
„Hallo Leute", ruft er. „Wartet mal ..."
„Halt uns nicht auf. Wir haben es eilig", unterbricht ihn eine Stimme, die der Bär sofort erkennt. Das ist doch der Igel. Dann sind die anderen beiden bestimmt der Dachs und das Eichhörnchen.
„Wo wollt ihr denn hin?", fragt der Bär.
„Zur Probe", antwortet das Eichhörnchen ungeduldig und weg sind sie.
Zur Probe? Was soll das denn heißen? Na, das krieg ich raus, denkt Eddi-Bär, schnappt sich den Honigtopf und düst hinterher.

Auf der Wiese sieht er gleich, was los ist! Die vier haben sich eine Bühne gebaut und spielen Theater. Bärenstark, denkt Eddi-Bär.
„Kann ich mitmachen?", fragt er eifrig.
„Klar, du kannst uns helfen die Stühle aufzustellen", schlägt die Eule vor. „Ich muss weg, die Zuschauer einladen und den Kuchen holen."
Dann fliegt sie los.
So hatte sich Eddi-Bär das Mitmachen eigentlich nicht vorgestellt.
Enttäuscht macht er sich an die Arbeit.
„Ich möchte aber lieber richtig mitspielen", brummt er.
„Du siehst doch selbst, dass auf der Bühne kein Platz für dich ist", erwidert der Dachs.
„Ich kann doch auf der Wiese was aufführen", schlägt der Bär vor, aber der Igel wehrt ab: „Was soll das schon sein?"
„Ich kann prima Kunststücke auf meinem Dreirad", erklärt Eddi-Bär.
„Na, das wollen wir erst mal sehen", sagt das Eichhörnchen misstrauisch.

Das lässt sich Eddi-Bär nicht zweimal sagen. Gleich wird er den anderen zeigen, was er kann, aber volle Lotte. Er schwingt sich auf sein Dreirad und fährt freihändig. Dann steht er mit einem Bein auf dem Lenker und radelt sogar rückwärts.
Der Igel, das Eichhörnchen und der Dachs staunen. Das hätten sie dem Bären gar nicht zugetraut. „Bravo! Bravo! Weiter so! Noch mehr!", rufen sie.
Jetzt ist Eddi-Bär nicht mehr zu bremsen. Er zeigt alles, was er kann. Noch den dreifachen Supereddi, dann hat er es geschafft und darf bestimmt mitspielen. Er holt mächtig Schwung und saust los.
Oje! Zu spät! Da ist es schon passiert!

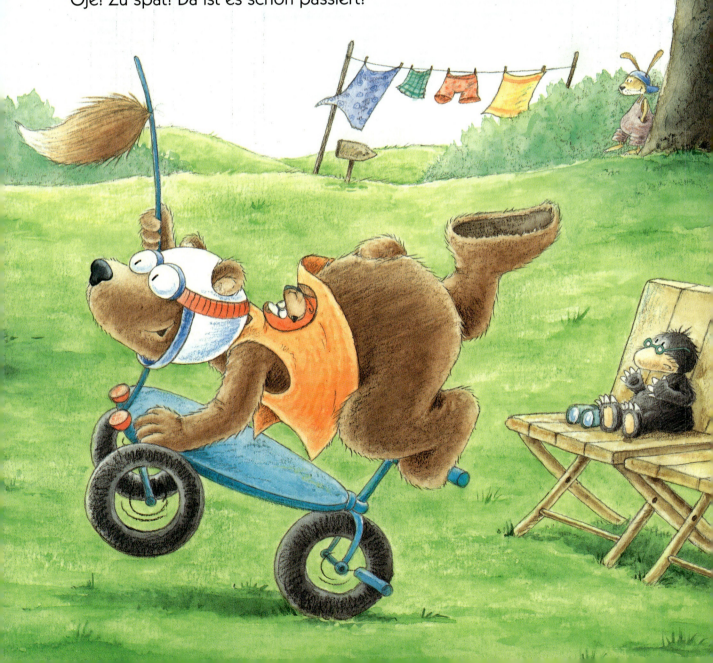

Der Bär donnert gegen die Stuhlreihe, die er gerade aufgestellt hat und fällt mit dem Dreirad um. Ein Stuhl ist zu Bruch gegangen.
„Ach du dickes Ei", stöhnt Eddi-Bär und reibt sich den Kopf.
„So ein Pech!", meint der Dachs.
Der Igel ist sauer. „Das musst du wieder ganz machen", verlangt er.
„Ist doch Ehrensache", sagt der Bär. „Bloß wie?" Er ist ganz durcheinander. Ob er den Stuhl mit Gras und Honig kleben soll?
Da mischt sich der Hase ein, der die Bruchlandung mit angesehen hat. „Da kann sich keiner mehr hinsetzen. Das muss genagelt werden – mit Brettern."
„Danke für den Tipp", brummt der Bär erleichtert.

Eifrig holt Eddi-Bär seinen Werkzeugkasten und drei Bretter.
Ein kaputter Stuhl ist ja nicht schlimm. Den hat er gleich repariert.
„Bretter annageln ist Bärensache", schnauft er und legt los.
„Hoffentlich", meint der Hase argwöhnisch.
„Man muss beim Nageln nur ordentlich weit ausholen und feste draufschlagen", erklärt Eddi-Bär. Und schon hat er das erste Brett angenagelt. Er nimmt einen Löffel Honig zur Stärkung. Nun das zweite Brett.
„Gleich bin ich fertig", freut er sich und schwingt den Hammer.
Der Hase soll mal sehen, was ein Bär so alles drauf hat.
Oje! Zu spät! Da ist es schon passiert!

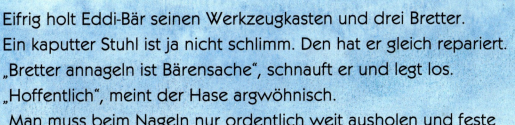

Leider hat Eddi-Bär nicht den Nagel, sondern seinen Honigtopf getroffen. Der rote Theatervorhang ist über und über mit klebrigen Klecksen bekleckert.

„Ach du dickes Ei", jammert der Bär. „Mein schöner Honig!"

„Oha", sagt das Eichhörnchen, „das wird der Eule aber nicht gefallen!"

„Mir auch nicht!" Langsam wird der Igel wütend. Sie wollen doch noch ihr Stück proben und jetzt klebt alles.

„Kann ja mal passieren", brummt der Bär. „Ich mache alles wieder heil." Aber wie? Vielleicht kann er die Kleckse einfach rausschneiden.

Er greift nach der Schere, aber der Hase ruft: „Nicht doch! Du verschlimmbesserst ja alles. Das muss ausgewaschen werden."

„Guter Vorschlag!" Eddi-Bär schnappt sich alle Eimer, die er finden kann und rennt zum See.

Am See füllt er die Eimer mit Wasser. Das klappt prima, bald wird alles wieder sauber sein. Aber wie soll er nur die vielen Eimer tragen?

„Na, wird's denn gehen?", fragt der kleine Rabe, der gerade vorbeigeflogen kommt.

„Wenn du mir noch einen auf den Kopf stellen könntest", bittet der Bär. „Dann muss ich nicht zweimal laufen."

„Du könntest dir auch einen um den Hals hängen", schlägt der Rabe vor. Und dann hat er noch mehr so gute Ideen.

Es sieht toll aus, wie Eddi-Bär die vielen Eimer balanciert. Einfach bärenstark. Gleich ist er bei der Wiese angelangt.

Oje! Zu spät! Da ist es schon passiert!

Eddi-Bär hat den Werkzeugkasten übersehen. Jetzt läuft das ganze Wasser über den Vorhang, die Kostüme und die Lampions.
„Ach du dickes Ei", seufzt der Bär. „Das habe ich nicht gewollt."
„Ich hau ab", sagt das Eichhörnchen und flüchtet auf einen Baum.
„Ich würde schnell alles verstecken", meint der Dachs.
„Unsinn, wir müssen die Sachen ins Trockene tragen", erwidert der Hase. „Fass mal mit an." Der Bär hilft dem Hasen tragen. Ganz vorsichtig, damit nicht noch mehr kaputtgeht.
Aber der kleine Rabe, der immer noch über den Bären lachen muss, lässt ihn nicht in Ruhe. „Schneller, schneller", kommandiert er laut.
Ärgerlich schaut Eddi-Bär zum Raben hoch und will was sagen.
Oje! Zu spät! Da ist es schon passiert!

Eddi-Bär hat das Schaf nicht kommen sehen und das Schaf konnte leider nicht mehr bremsen. Was für ein Zusammenstoß! Die Bühne ist total kaputt.
„Ach du dickes, dickes Ei! Nun ist alles im Eimer", stöhnt der Bär.
„Das kriegst du nie mehr hin", sagt der Dachs. „Und gleich kommt die Eule zurück. Das gibt ein Donnerwetter!"
Der Igel hat die Nase voll. „Du hast alles kaputtgemacht, du Trottel", schimpft er.
„Ja, du bist ein alter Schusselbär", ärgert sich auch das Eichhörnchen. „Dusselbär!", ergänzt der Dachs leise.
Eddi-Bär muss sich die Nase putzen. „Das habe ich nicht gewollt", schnieft er. Jetzt lassen sie ihn bestimmt nie mehr mitspielen.

Und nun kommen auch noch die ersten Zuschauer.
„Was ist denn hier los?", fragt der Wolf.
„Sieht aus wie nach einem Erdbeben", grunzt das Wildschwein.
„Ja, Totalschaden!", krächzt der kleine Rabe.
„Wir können nichts dafür. Das war alles der Blödmann da", rufen Igel, Dachs und Eichhörnchen und zeigen auf den Bären.
Das ist zu viel für Eddi-Bär. „Ich hab das ja nicht mit Absicht gemacht", wehrt er sich. „Das ist alles einfach so passiert!"
„Von wegen", ärgert ihn der kleine Rabe. „Das liegt an deinen patschigen Bärentatzen."
„Du kannst meine patschigen Bärentatzen gleich mal kennen lernen", tobt der Bär. „Du machst immer nur doofe Sprüche, aber richtig helfen tut mir überhaupt keiner."
Fast hätte der kleine Rabe ihm wieder eine freche Antwort gegeben, aber er hält lieber den Schnabel. Schließlich ist Eddi-Bär sein Freund.
„Leute, ich finde, der Bär hat Recht", lenkt der Dachs ein. „Zanken hilft nix. Wenn wir heute noch Theater spielen wollen, müssen wir dem Bären ein bisschen unter die Arme greifen."
Da packen alle mit an.

„Wo ist denn der Werkzeugkasten?", fragt das Schaf.
„Da drüben", sagt der Bär. „Warte, ich helf dir."
„Nein, nein, lass nur", stoppt ihn der Fuchs. „Das mach ich. Du hast schon genug getan."
Der Hase erklärt dem Wolf und dem Wildschwein, was noch alles zu erledigen ist. „Wir müssen den Vorhang trocknen, die Lampions aufhängen und dann die Stühle aufstellen."
Eddi-Bär drängelt sich dazwischen. „Soll ich euch mal zeigen, wie viele Stühle ich auf einmal tragen kann?"
„Ja, morgen wieder", krächzt der kleine Rabe. „Jetzt bleib einfach sitzen und fass nichts mehr an."
„Ach du dickes Ei", grinst der Bär. „Ihr habt wohl Bammel, dass wieder was passiert." Also gut. Er macht es sich gemütlich.
Den anderen bei der Arbeit zusehen, ist auch nicht schlecht!

Als die Eule zurückkommt, traut sie ihren Augen kaum. Die Bühne sieht irgendwie ganz anders aus, viel schöner als vorher. Und so groß, dass jetzt sogar der Bär draufpasst, auch mit Dreirad.
„Wie hast du das denn gemacht?", wundert sich die Eule.
„Das war bärenleicht", antwortet Eddi-Bär. „Als Erstes muss man die Stühle umfahren, dann den Honig verspritzen und dann mit dem Eimer ..."
Die Eule versteht kein Wort. „Kannst du mir mal die Torte abnehmen?", unterbricht sie ihn.
„Na klar, ich helf dir gerne", freut sich Eddi-Bär.
„Halt! Das mach ich!", kreischt der Hase entsetzt und stürzt auf die Eule zu. Nicht, dass der Tolpatsch schon wieder etwas anrichtet.
Oje! Zu spät! Da ist es schon passiert!
Der Hase rutscht aus und fällt direkt in die Torte.
„Ach du dickes Ei", rufen alle Tiere im Chor.
Nur Eddi-Bär nicht, der brummt: „Macht ja nix! Das kann jedem mal passieren!"

Komm mit, Müffel! Ich will dir was Tolles erzählen ...

Nele Moost – Silvio Neuendorf

Martha und Müffel

Martha baut gerade eine lange Straße mit vielen Häusern und einer Brücke. Da klingelt es. Es ist Frau Pingel. Sie hält eine Postkarte in der Hand. »Die ist von deiner Tante«, erklärt sie. »Sie schreibt, dass ein gewisser Müffel dich heute besucht. Dass er dir gefallen wird und dass ihr bestimmt dicke Freunde werdet. Und dass er bei dir übernachten darf, wenn du magst.«
»Wer ist denn dieser Müffel?«, will Frau Pingel noch wissen und rümpft ein bisschen die Nase über den seltsamen Namen.

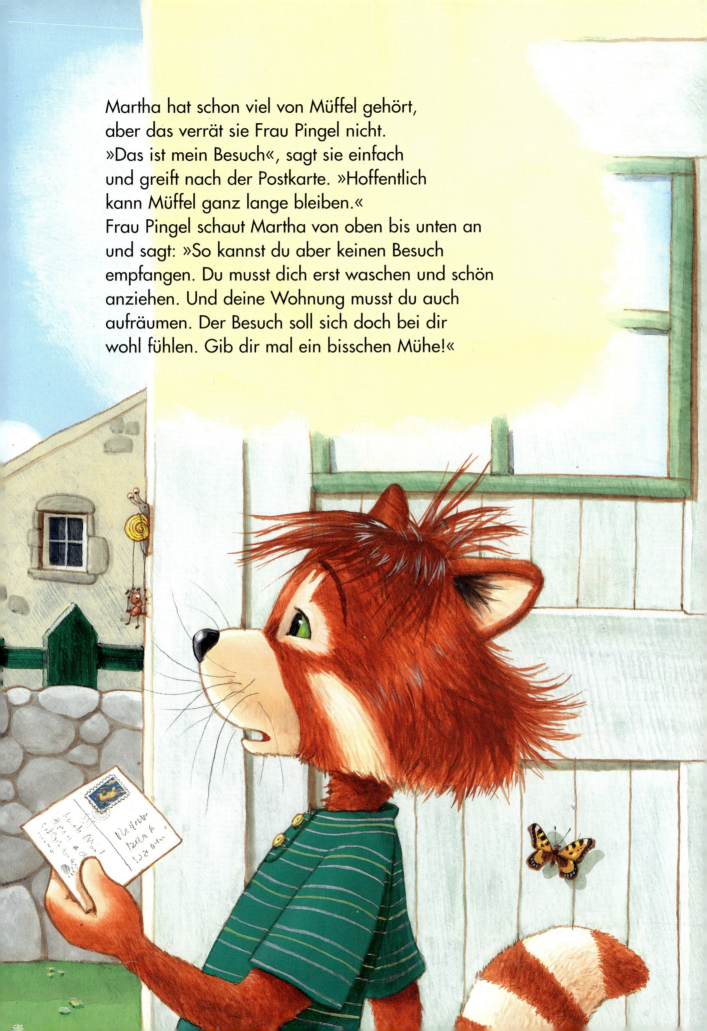

Martha hat schon viel von Müffel gehört, aber das verrät sie Frau Pingel nicht. »Das ist mein Besuch«, sagt sie einfach und greift nach der Postkarte. »Hoffentlich kann Müffel ganz lange bleiben.«
Frau Pingel schaut Martha von oben bis unten an und sagt: »So kannst du aber keinen Besuch empfangen. Du musst dich erst waschen und schön anziehen. Und deine Wohnung musst du auch aufräumen. Der Besuch soll sich doch bei dir wohl fühlen. Gib dir mal ein bisschen Mühe!«

Da hört Martha sofort auf zu spielen und gibt sich Mühe. Sie stellt die Stühle an den Tisch zurück, damit Müffel dort sitzen kann. Sie putzt die Fenster, damit Müffel die schöne Aussicht genießen kann. Sie räumt und wischt und wienert, damit Müffel sich wohl fühlt.

Dann backt sie einen Kuchen und kocht leckeren Kakao.
Zuletzt bügelt sie ihr schönstes Kleid und flechtet sich
zwei Zöpfe. Und die Zähne putzt sie sich auch noch einmal.
Schließlich sind die Wohnung und Martha blitzeblank.

Da klopft es endlich. Martha öffnet. Vor der Tür steht der Besuch, aber Martha kann kaum etwas erkennen. Sie sieht nur eine große Staubwolke. Darin steht jemand.
»Hallo, bist du Müffel?«, fragt sie unsicher.
»Hm«, macht der Besuch und stellt einen ziemlich schmutzigen Koffer neben sich ab.
»Komm doch rein!«, bittet Martha und streckt Müffel die Hand entgegen.
Müffel wirft einen Blick auf Marthas saubere Hand, wird rot und zieht seine schwarzen Finger erschrocken zurück.

Vorsichtig folgt Müffel Martha in die Wohnung. Er hält seinen Koffer ganz hoch, damit er den Teppich nicht berührt.
»Setz dich doch«, sagt Martha. »Ich freu mich so, dass du da bist. Es gibt Kuchen. Willst du ein Stück?«
Müffel schüttelt den Kopf. Er setzt sich auf die äußerste Stuhlkante. Den Koffer legt er auf die Knie.
»Wollen wir lieber was spielen?«, fragt Martha.
Müffel schlägt die Augen nieder und sagt wieder nichts. Keinen Pieps. Es wird ganz still und die Zeit zieht sich zäh wie Kaugummi. Jetzt weiß Martha nicht mehr weiter und wird ganz verlegen.

Nach einer Ewigkeit sagt Müffel seinen ersten Satz.
»Ich muss mal«, flüstert er schüchtern.
Martha zeigt ihm die Tür zum Bad und Müffel verschwindet mit gesenktem Kopf. Seinen Koffer nimmt er mit.
Verzweifelt blickt Martha ihm hinterher.
»Ich glaube, Müffel gefällt es nicht bei mir. Er fühlt sich irgendwie nicht wohl«, überlegt sie traurig. »So wird das nichts mit dem Freunde-Werden.«

Martha schaut auf ihre sauberen Hände und auf ihr gebügeltes Kleid. Sie wischt einen Krümel von der Tischdecke und spiegelt sich im Kakaolöffel.
Dann fällt ihr Blick auf Müffels Stuhl. Auf dem Kissen ist ein Schmutzrand und eine staubige Fußspur führt in den Flur.
»Na klar«, ruft sie auf einmal, »das ist es. Jetzt weiß ich, was nicht stimmt!«
In Windeseile richtet Martha das Zimmer so her, wie es war, bevor der Besuch kam.

Da wird Müffel staunen. Leider kommt er gar nicht wieder. Ob er sich nicht traut?
»Alles in Ordnung?«, fragt Martha durch die Tür.
»Ja«, antwortet Müffel. »Alles in Ordnung.«
Rasch zieht Martha noch ihre Spielhosen an und verwuschelt sich die Haare.
»Du kannst ruhig rauskommen, Müffel«, ruft sie dann. »Jetzt wird alles schön.«

Die Tür geht auf – und beide staunen!
Müffel sieht aus wie neu. Er ist geschniegelt und gebügelt.
Er hat gebadet, sich die Haare gewaschen und die Zähne
geputzt und seine besten Sachen angezogen.
Er hat sich richtig Mühe gegeben.

Aber das Mühegeben hat nichts gebracht.
»Passt ja wieder nicht«, meint Müffel enttäuscht.
»Nee«, kichert Martha. »Ist wieder verkehrt!« Dann müssen beide lachen und können gar nicht mehr aufhören.
»Ist ja auch egal«, sagt Martha schließlich. »Wollen wir rausgehen und eine Sandburg bauen?«
»Au ja«, ruft Müffel. »Ich hab meinen Bagger dabei.«

Abends, als Martha und Müffel aus der Buddelkiste kommen, sehen sie beide ziemlich schmuddelig aus. Kichernd zeigt Müffel auf Marthas verschmiertes Gesicht: »Aber jetzt passt es!«, ruft er. »Jetzt siehst du genauso aus wie ich!«

Schnell hopsen sie zusammen in die Wanne und danach sind beide ganz sauber
Beim Abendessen kleckert jeder einen Fleck auf die Tischdecke. Und als sie schließlich müde ins Bett fallen, kann man die beiden struwweligen Köpfe kaum unterscheiden.

Als Müffel sich am nächsten Morgen verabschiedet, sind sie dicke Freunde geworden. Müffel baut tolle Straßen. Mit ihm kann Martha wunderbar spielen. Die Straße ist jetzt noch länger und hat auch ein Hotel, eine Post und einen Fernsehturm.
»Komm bald wieder!«, ruft Martha ihm nach und winkt.

Da schaut Frau Pingel über den Zaun und schüttelt entsetzt den Kopf: »Wie siehst du denn aus?«
Martha strahlt vor Freude. »Das muss so sein!«, erklärt sie. »Ich hatte nämlich Besuch. Und der sollte sich ja bei mir so richtig wohl fühlen!«

Beeil dich, Winschi!

Jetzt ist unsere Geschichte dran ...

Hasalisa und Hoppel sind dicke Freunde. Im Turnen ist Hasalisa die Beste. Sie kann über jeden Bach springen. Hoppel kann das nicht. Darum lachen ihn die Hühner immer aus.
„Ihr braucht gar nicht so blöd zu lachen", schimpft Hasalisa. „Hoppel kann dafür malen. Er wird mal ein ganz berühmter Eiermaler werden."
„Mit dem doofen Namen wird er gar nichts", gackern Hugo und Hilda frech.
„Na und", verteidigt Hasalisa ihren Freund, „dann kriegt er eben einen richtig tollen Künstlernamen und ihr kriegt gar nichts. So!"
Da sind die Hühner eingeschnappt.

Am Ende der Zeichenstunde hat Hasalisa auch schon eine Idee. „Berühmte Maler heißen italienisch", erklärt sie und bekleckert sich wie immer von oben bis unten mit Farbe. „Wir nennen dich ab jetzt Hasonardo da Vinci. Ich werde Winschi zu dir sagen."
„Darf ich dann auch gleich ein berühmtes Bild von dir malen?", fragt Winschi.
„Ja gerne, aber ich muss mich vorher ein bisschen putzen", kichert Hasalisa und hüpft in großen Sprüngen davon.

Hasalisa freut sich, dass ein berühmter Künstler sie malen wird. Prüfend steht sie vor ihrem großen Spiegel und schaut, ob auch alle Farbspritzer verschwunden sind. Dann steckt sie ihren neuen Ring ins Hasenohr und wirft sich ein Tuch um.
„Ob ich Winschi so gefalle?", überlegt sie. „Oder soll ich das Tuch lieber als Turban oder als Stirnband tragen? Keine Ahnung, Winschi wird schon wissen, was am besten ist."
Hasalisa will gerade fröhlich losmarschieren, da hört sie Stimmen vor ihrem Fenster.

Hilda und Hugo picken ihre Körner. Sie platzen vor Neid und wollen Hasalisa eins auswischen.

„Haben Sie schon gehört, wen dieser Hasonardo da Vinci malen will, mein Bester?", fragt das Huhn.

„Natürlich, Hasalisa hat es ja jedem erzählen müssen, meine Gute", antwortet der Hahn.

„Ausgerechnet d i e muss er malen", gackert Hilda.

„Mit d e n Zähnen", kräht Hugo. „So was Hässliches."

„Na, das wird ja ein schönes Bild werden", spottet das Huhn.

„Er hätte lieber uns nehmen sollen. So wird dieser Vinci niemals berühmt! Nicht wahr, meine Gute?", gockelt der Hahn.

Hasalisa hat jedes Wort gehört. Bestürzt schaut sie in den Spiegel. So genau hat sie sich noch nie angeschaut.
„Das stimmt, was die sagen", glaubt sie. „Ich sehe ja total doof aus. Mit den langen Zähnen."
Schnell hält sie sich die Pfote vor den Mund. Hasalisa will nicht mehr gemalt werden. Sie will auch nicht mehr zu Winschi gehen. Sie wird sich im Bett verkriechen und auf ewig im Haus einschließen. Und den Mund macht sie nie wieder auf.

Aber da stürmt Winschi ins Zimmer.
„Wo bleibst du denn?", ruft er ungeduldig. „Mir trocknen ja die Farben ein."
Hasalisa traut sich nicht, ihm von den Hühnern zu erzählen.
Sie nickt nur stumm und wirft sich schnell das Tuch über das Gesicht.
„Jetzt komm endlich!" Winschi nimmt Hasalisa an die Hand und zieht sie einfach hinter sich her. „Ich freue mich doch schon so darauf, dich zu malen", sagt er.

Im Atelier setzt sich Hasalisa zögernd auf den Stuhlrand.
„Solange ich den Mund halte, kann nichts passieren", denkt sie.
„Dann sieht er nicht, wie hässlich ich bin und mag mich noch."
„Nimm doch das Tuch ab", bittet Winschi.
Er hat alles vorbereitet und will endlich anfangen. Hasalisa
rührt sich nicht. Als er ihr das Tuch über die Schulter legt,
presst sie die Lippen fest aufeinander.

Winschi hat großen Spaß bei der Arbeit. Mit Schwung malt er das erste Bild. Als er es Hasalisa zeigt, möchte sie am liebsten „Wie schön!" rufen, aber sie macht nur „Hm". Auch auf das zweite Bild reagiert sie nicht anders.
Winschi wundert sich. So kennt er seine Freundin gar nicht. „Ob ihr meine Bilder nicht gefallen?", denkt er.
Er strengt sich mächtig an. Er nimmt leuchtendere Farben und ändert den Hintergrund. Doch irgendetwas fehlt auf den Bildern. Und Hasalisa bleibt die ganze Zeit stumm und steif sitzen.
„So kenne ich sie gar nicht. Was hat sie nur?", überlegt Winschi. „Vielleicht mag sie nicht so lange still sitzen."

„Wollen wir draußen weitermalen?", schlägt Winschi vor.
Hasalisa nickt und hilft ihm, die Farben und die Staffelei unter den Apfelbaum zu tragen. Aber sie sagt keinen Ton.
„Viel fröhlicher sieht sie immer noch nicht aus", denkt Winschi besorgt. „Ich muss etwas tun."

„Schau mal!", ruft er und jongliert mit Pinseln und Äpfeln. Und dann erzählt er Hasalisa die neusten Geschichten von seiner Oma Mohngurke, die haben ihr immer schon gefallen. Hasalisa entschlüpft ein zaghaftes Lächeln.
„Wie lustig er ist", denkt sie. „Jetzt bloß nicht lachen, sonst sieht er meine schrecklichen Zähne und dann ist alles aus."
„Wie hübsch sie ist", denkt Winschi und er malt Hasalisas Hasenlächeln, das beide in der ganzen Welt berühmt machen wird.

Hugo und Hilda können es nicht lassen. Neugierig und voller Neid schleichen sie sich immer näher ran.
„Schauen Sie nur, wie viele Bilder er gemalt hat, meine Gute."
„Eins ist hässlicher als das andere. Nicht wahr, mein Bester?"
„Was haben sie erwartet, meine Gute? Bei dem Modell!"
„Wir müssen den Künstler erlösen, mein Bester", meint Hilda.
„Ja, ich glaube, es ist an der Zeit, dass ich Winschi anbiete, mich zu malen", kräht der Hahn. „Auf bald, meine Gute."
„Sie sind wohl verrückt geworden", gackert das Huhn. „Mich soll er malen!"
„Dass ich nicht lache!", gockelt Hugo und rennt los.
„Wir werden ja sehen, wer hier zuletzt lacht, mein Bester!", zankt Hilda und stürzt hinterher.

Wie die aufgescheuchten Hühner rennen Hilda und Hugo auf Winschi zu ... und können nicht mehr bremsen. Hugo stolpert gegen die Staffelei und Hilda purzelt über einen Apfel. Sie prallen mit Winschi zusammen und plumpsen alle drei rückwärts in die Farbe.
Da kann sich Hasalisa nicht länger beherrschen. Sie prustet los und hüpft vor Vergnügen und lacht bis ihr der Bauch weh tut.
„Jetzt seht ihr genauso aus, wie ich sonst beim Malen. Nee, ist das komisch!"

Winschi ist ganz erleichtert und glücklich über seine fröhliche Freundin. Endlich ist Hasalisa wieder so wie früher.
„So bist du am schönsten", ruft er. „Ich male nur noch dich."
Jetzt mag sich Hasalisa auch selbst wieder leiden. Sie braucht sich nicht länger zu verstecken und trägt ihr Lachen in alle Welt.

Und die Hühner? Die zanken sich schon wieder ...

Hör mal zu!
Zum Schluss gibt's noch
eine Zirkusgeschichte.

Jetzt nicht!

oder Zuhören ist das größte Kunststück

Fabian Lenk
Silvio Neuendorf

„Und hopp!", Mia macht auf ihrem Einrad eine schnelle Drehung. Heute Abend ist Zirkusvorstellung auf der großen Wiese und alle dürfen mitmachen. Da will Mia natürlich zeigen, welche tollen Kunststücke sie kann. Im Moment schaut ihr nur Wotan zu.
„Nicht schlecht", meint er. „Aber meine Nummer als Schlangenmensch ist besser."
„So'n Käse!", lacht Mia und macht einen tollkühnen Satz über die Sprungschanze. Und dabei passiert es: Poff! Der Reifen ist platt!
„Oh nein! Ich habe doch kein Flickzeug", jammert Mia. „Was mach ich jetzt bloß? Ohne Einrad kann ich nicht auftreten!"
„Frag doch Rübe", schlägt Wotan vor, „der zeigt heute seine Zauberkunststücke. Vielleicht kann er auch dein Einrad heil zaubern."
„Bin schon unterwegs", ruft Mia und flitzt los.

Rübe trägt einen Zylinder und schwingt den Zauberstab.
„Hallo, Rübe", sagt Mia. „Kannst du –"
„Jetzt nicht!", erwidert Rübe. „Ich muss üben."
Mia zeigt auf das kaputte Einrad: „Ich auch. Aber mein Einrad hat einen Platten und ich –"
„Psst", ruft Rübe. „Pein, Schleim und Spinnenbein, der Hund soll nun ein Schafbock sein." Es pufft und zischt.
Der Hund sitzt noch immer da.

Nur Rübe sieht jetzt irgendwie anders aus.
„Auweia", blökt Rübe. „Das war wohl der falsche Spruch.
Ich wollte doch den Hund verzaubern. Knarzel, rabarzel,
Harzerwein, hier ist nun ein Warzenschwein!"
Wieder sitzt der Hund unverändert da.
Aber nun ist aus Rübe ein Warzenschwein geworden.
„Schweinerei!", grunzt Rübe. „Noch mal."

Es wird immer schlimmer. Rübe zaubert verzweifelt weiter. Erst wird er zum Elefanten, dann zum Elch. Mal ist er ein Hering, mal ein Kakadu.
Mia wirft einen Blick ins Zauberbuch. Kein Wunder, dass alles falsch läuft. Rübe hat das Kapitel „So verzaubere ich mich selbst" aufgeschlagen.
„Du, Rübe", will Mia helfen. „Ich weiß, wie du –"
„Jetzt nicht!", quakt Rübe und fängt eine Fliege mit der Zunge.
„Mein Trick muss bis heute Abend sitzen. Klopf, stopf, Nasentropf, das Tier ist gleich ein Wiedehopf!"
Enttäuscht geht Mia weiter. Wenn Rübe nicht zuhören will, dann soll er doch als zaubernder Haubentaucher auftreten!

Gleich neben Rübe wohnt Bob. Bob ist ein guter
Bastler und kann das Einrad bestimmt reparieren.
Aber was ist das? Bob sieht heute etwas seltsam aus.
„Hallo, Bob, soll's heute noch regnen?", grinst Mia.
„Quatsch, ich übe für meinen Auftritt", erwidert Bob.
„Ich werde seiltanzen."
„Mein Einrad hat einen Platten", erklärt Mia. „Kannst du –"
„Jetzt nicht!", ruft Bob. Er breitet die Arme aus und steigt aufs Seil.
Die dünnen Birken biegen sich unter Bobs Gewicht. Bob balanciert
mit geschlossenen Augen über das Seil hinweg.
„Ich kann's! Das ist ja ganz leicht!", jubelt er.
„Nö, du läufst auf dem Boden", entgegnet Mia.

„Was? Ach so. Wie blöd", brummelt Bob und springt vom Seil. Sofort schnellen die Birken zurück, das Seil hängt wieder oben. Bob dreht sich um und kratzt sich am Kopf: „Komisch, das Seil ist doch eigentlich prima gespannt."
Mia grinst von einem Mauseohr zum anderen: „Du, Bob, ich weiß, wo dein –"
„Jetzt nicht!", unterbricht Bob. „Du siehst doch, dass ich trainieren muss." Er erklimmt erneut den Stein. Augen zu, erste Tatze aufs Seil, zweite Tatze aufs Seil und los geht es. Die Birken biegen sich, das Seil hängt durch, Bob kommt auf dem Boden auf und wundert sich aufs Neue. Noch einmal möchte Mia ihm helfen, aber Bob schüttelt den Kopf: „Jetzt nicht!"
Wütend läuft Mia weiter. Wenn Bob nicht zuhören will, dann soll er doch als seiltanzende Mettwurst im rosa Röckchen auftreten!

Jetzt fällt Mia nur noch Robin ein. Ob er das Einrad reparieren kann?
„Bestimmt", denkt Mia. Als Maulwurf hat Robin genug Werkzeug.
„Hallo, Robin. Wo steckst du?", ruft Mia.
„Hier, hinterm Holunderbusch", ertönt es. Mia sieht dort nach – und staunt.
Da steht Robin mit Pfeil und Bogen. Er zielt auf einen Apfel.
„Spielst du Indianer, Robin?", fragt Mia.
„Quatsch, ich übe für heute Abend. Ich bin Robin, der Meisterschütze."
„Ich will auch üben. Aber mein Einrad ist kaputt", sagt Mia. „Kannst du –"
„Jetzt nicht!", winkt Robin ab und schießt.
Der Pfeil landet zehn Meter neben dem Apfel im Gras. Mindestens
„Habe ich getroffen?", fragt Robin unsicher und kneift
die Augen zusammen.

„Nö, hast du nicht", sagt Mia. „Ist auch kein Wunder, du hast ja deine Brille nicht auf."
„Weiß ich doch", meint Robin gereizt. „Aber ich finde sie nicht."
„Sie ist –"
„Jetzt nicht, psst. Der nächste Schuss sitzt!" Robin lässt noch einen Pfeil fliegen.
„Aua, wer war das?", hört man Bob im Birkenwäldchen brüllen.
„Tschuldigung", murmelt Robin kleinlaut. „Das wollte ich nicht."
Mia versucht es noch mal: „Du, Robin, deine Brille ist –"
„Jetzt nicht! Ich muss mich konzentrieren", sagt Robin schroff.
Beleidigt geht Mia weiter. Wenn Robin nicht zuhören will, dann soll er doch als Schießbudenfigur auftreten!

Mia ist traurig. Und wütend ist sie auch. Sie kann doch nicht mit einem kaputten Einrad auftreten. Sollen die anderen doch ihr Zirkusfest ohne sie feiern. Langsam geht sie nach Hause.
Vor ihrem Mauseloch übt Wotan seine Schlangenmenschnummer.
„Und, alles klar?", fragt Wotan.
„Von wegen", schimpft Mia. „Niemand hat mir zugehört."

Wotan hat Mitleid: „Ich würde dir ja gerne helfen, aber ich habe kein Flickzeug. Du kommst doch trotzdem heute Abend, oder?"
„Nö, ich habe keine Lust mehr", sagt Mia niedergeschlagen.
„Ach bitte, mir zuliebe", bettelt Wotan. „Du musst mich doch anfeuern, wenn ich auftrete."
„Na gut. Aber bei den anderen klatsche ich nicht."

Dann ist es so weit. Die Zirkusarena ist aufgebaut und jeden Moment kann die Vorstellung beginnen. Etwas abseits sitzt ein Pferd mit einem Zylinder auf dem Kopf.
„Rübe, bist du das etwa?", fragt Mia.
„Stimmt", wiehert Rübe kleinlaut. Neben ihm stehen Bob und Robin. Sie sehen alle sehr unglücklich aus.
„Das mit euren Tricks klappt wohl noch nicht so ganz", ahnt Mia.
„Nein, ganz und gar nicht!", schnieft Robin.
„Tja, schade, dass ihr mir vorhin nicht zugehört habt", meint Mia wütend.
„Dann könnten wir jetzt alle auftreten."
„Wie meinst du das?", ruft Rübe überrascht.

„Jetzt nicht!", erwidert Mia. „Die Vorstellung beginnt."
Sie klatscht eifrig, denn Wotan, der Schlangenmensch,
beginnt mit seinen abenteuerlichen Verrenkungen.
Rübe fragt noch mal: „Wie hast du das gemeint, Mia? Nun sag schon!"
„Ich weiß ja, warum eure Kunststücke nicht klappen", erklärt Mia.
„Echt? Warum hast du das denn nicht gleich gesagt?", rufen Rübe,
Bob und Robin aufgeregt.
„Ihr habt mich ja nicht zu Wort kommen lassen! Ihr wart ja so beschäftigt
mit euren Tricks", verteidigt sich Mia gekränkt.
„Aber wir mussten doch üben ...", Robin schaut verlegen zu Boden.
„Papperlapapp!", unterbricht ihn Mia.
„Aber wir müssen uns jetzt beeilen. Ihr helft mir bei meinem Einrad –
und ich euch bei euren Kunststücken, okay?"

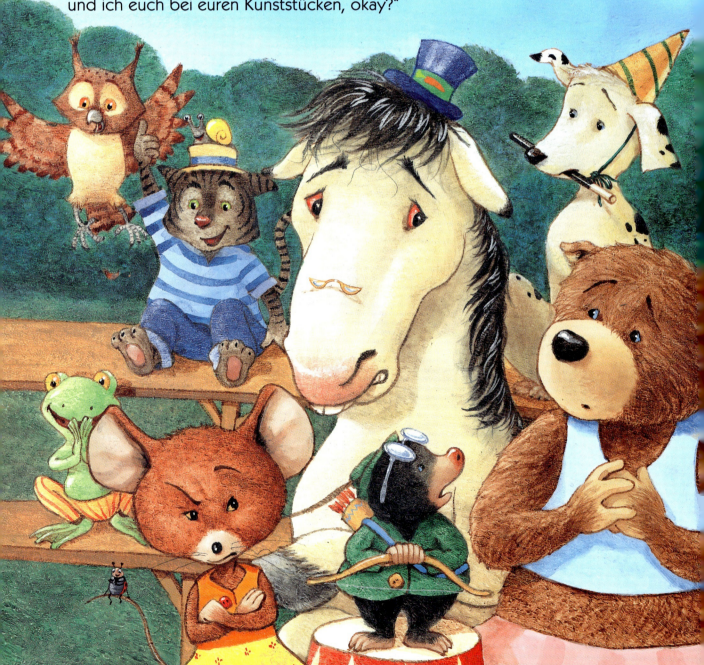

Zuerst schiebt Mia Robin
die Brille auf die Nase.

Danach sucht sie in Rübes Zauberbuch
die richtige Seite und Rübe verwandelt sich
gleich in ein Kaninchen zurück.

Nun binden sie gemeinsam Bobs Seil
zwischen zwei kräftigen Baumstämmen fest.

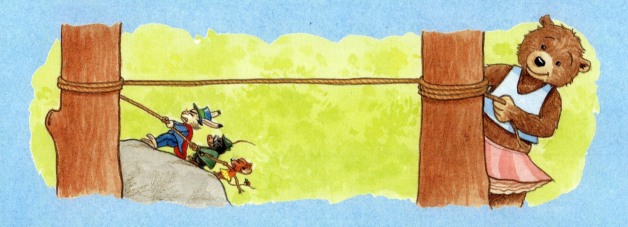

Und dann reparieren sie endlich
Mias Einrad. Bob pumpt den Reifen
ganz besonders prall auf.
„Jetzt kann's losgehen!", brummt er.

Und da wird auch schon der Erste
in die Arena gerufen! Bob tänzelt über das Seil,
als wäre er eine Feder, Rübe verwandelt den Hund
in einen Löwen und wieder zurück. Danach versucht Robin,
den Apfel zu treffen. Er zielt ewig lang. Es klappt –
der Pfeil bohrt sich genau in die Mitte des Apfels.
Das Publikum ist begeistert.

Jetzt ist Mia dran. Sie ist richtig nervös. „Nur Mut", denkt Mia, springt auf ihr Einrad und los geht's. Eine schnelle Drehung, ein kühner Sprung, eine klasse Landung – denkste, was ist denn das?
Bob hat den Reifen zu fest aufgepumpt, das Ventil fliegt raus und das Einrad schießt wie eine Rakete über die Bühne. Mia klammert sich am Sattel fest.
Das Einrad schnellt in die Höhe, dreht einen Looping und hüpft über die Bühnenbretter. Dann ist endlich die Luft aus dem Reifen.
Verdattert steht Mia da. Es ist mucksmäuschenstill. Mia schaut ins Publikum. Und das Publikum starrt Mia an.
„Ich hab's vermasselt", fürchtet Mia. „So'n Käse!"
Aber dann gibt's Applaus, richtig dicken Applaus.
„Zugabe! Mach das noch mal!", brüllen die Zuschauer.
Mia grinst verlegen: „Jetzt nicht! Vielleicht ein anderes Mal …"